PAUL DE KOCK

PARIS. — TYP. WALDER, RUE BONAPARTE, 44.

Ch. Carey del et sc.   Hadengue Imp r du Faur S G 63 Paris

PAUL DE KOCK

LES CONTEMPORAINS

PAUL DE KOCK

PAR

EUGÈNE DE MIRECOURT

PARIS

J.-P. RORET et Cie, ÉDITEURS

9, RUE MAZARINE

1855

PAUL DE KOCK

O muse légère, muse débraillée ! es-
piègle et pétulante grisette, qui es venue
te joindre effrontément à la troupe des
neuf sœurs, et que les puritains de la
critique ont en si piteuse estime ! muse
de Casanova, de Pigault-Lebrun et de
Paul de Kock, est-ce à toi que nous al-

lons aujourd'hui demander des inspirations? Faut-il te suivre dans le sentier des amours faciles, où tu marches le nez en l'air, la robe retroussée, l'œil mutin, la gaudriole aux lèvres? Il nous semble, friponne, que tu soufflettes assez gaillardement la morale et que tu te permets de fronder la vertu?

— Eh! non, dit la muse, je suis bonne fille. Parole d'honneur, on me calomnie! J'ai l'allure franche, le mot vif, le geste risqué ; mais, après tout, le cœur est excellent. Mon Dieu, la vie n'est pas déjà si amusante! il faut bien rire et plaisanter un peu.

— Oui, sans doute, pourvu que nous restions, ma chère, dans les limites de la décence

— Bah! s'écrie-t-elle, « si la volupté est dangereuse, les plaisanteries ne l'inspirent jamais! »

Et la folle, après avoir fait preuve d'érudition en citant M. de Voltaire, nous quitte pour aller courir la pretantaine.

Malheureusement, sous le double rapport de la décence et de la morale, M. de Voltaire nous semble d'une autorité contestable.

Interrogeons à présent le héros de cette biographie, nous le trouvons de la même opinion que sa muse.

« — Lisez mes livres, nous dira Paul de Kock; je suis beaucoup plus moral qu'on ne pense. »

A-t-il raison? Voilà ce que la suite

nous apprendra. Le moment n'est pas venu de critiquer ses œuvres. Il s'agit de raconter son histoire.

Charles Paul de Kock est né à Passy, près Paris, le 21 mai 1794.

Son père, riche banquier hollandais, s'établit en France, où le général Dumouriez, son ami, lui obtint la fourniture de l'armée du Nord. M. de Kock suivit Dumouriez dans ses premières campagnes [1], et le quitta malheureusement, vers la fin de 93, pour venir toucher à Paris les sommes qui lui étaient dues par la Convention.

Mais la Convention payait ses dettes

[1] Le père du romancier avait le grade de colonel. Il s'est battu à Jemmapes et à Valmy.

à sa manière : elle se faisait donner quittance par la hache du bourreau.

Arraché des bras de sa femme, le banquier hollandais fut une des victimes de cette époque sanglante. Madame de Kock elle-même, emprisonnée à l'Abbaye, ne dut qu'à son état de grossesse de ne point être envoyée à la guillotine par les terroristes.

Paul de Kock, avant de naître, sauva les jours de sa mère [1].

Il avait un frère aîné que la famille gardait en Hollande. Ce frère embrassa la carrière des armes et partit pour les

---

[1] Madame de Kock est morte, l'an dernier, à l'âge de quatre-vingt-neuf ans. Elle était d'origine suisse et son nom de famille était Imhoff. Un de ses oncles tenait à Genève ce fameux hôtel des *Trois-Rois*, dont parle Casanova dans ses *Mémoires*.

Indes, où il donna les preuves du plus
éclatant courage. Devenu général et
gouverneur de Batavia, il fit triompher
le drapeau hollandais dans plusieurs
batailles contre les Hindous, revint en
Europe, fut créé baron, et remplit pendant quinze ans à La Haye les fonctions
de ministre de l'intérieur. Il conserva
ce poste éminent jusqu'à sa mort[1].

Le général baron de Kock était très-
orgueilleux de la renommée de son frère
l'écrivain.

Comme l'auteur de *Sœur Anne* déteste
les voyages et n'a jamais été, de sa vie,
plus loin que Versailles, le ministre du
roi de Hollande passa la frontière en

[1] Il mourut en 1844.

1840, et vint rendre visite au romancier sous les ombrages de Romainville.

On a vu rarement une ressemblance plus merveilleuse que celle de ces deux hommes. Ils avaient même taille, même physionomie, même son de voix, même regard et même sourire.

Paul de Kock pouvait prendre le chemin de La Haye et se présenter au cabinet du roi, le portefeuille du baron sous le bras ; sa Majesté Hollandaise l'eût pris à coup sûr pour son ministre.

On aurait tenté l'expérience peut-être, si le général avait pu terminer le roman du *Tourlourou*, dont les premières feuilles étaient sous presse.

Mais Barba s'opposa formellement à la substitution.

Rien dans le caractère de Paul de Kock enfant n'annonçait le romancier grivois et facétieux dont le monde entier connaît aujourd'hui les œuvres. Il se montrait fort timide, observait beaucoup, parlait peu et préférait l'étude à tous les amusements de son âge.

Sa mère, dont il était l'unique affection, ne voulut pas se séparer de lui pour l'envoyer au collége. Elle lui donna des précepteurs à domicile.

Un de ces derniers, au lieu de faire traduire à son élève le *de Viris illustribus*, préféra lui mettre quelques romans entre les mains, afin d'avoir tout le loisir possible pour en lire lui-même.

En même temps il lui apprenait à fredonner de magnifiques couplets, dans le genre de celui-ci :

> Qu'on est heureux,
> Qu'on est joyeux,
> Tranquille
> A Romainville !
> Ces bois charmants
> Pour les amants
> Offrent mille agréments.

Paul, à force de chanter la romance, voulut que son précepteur le conduisît sur les lieux mêmes qui avaient inspiré de si beaux vers.

Madame de Kock n'habitait plus sa maison de Passy. Elle demeurait alors sur le boulevard, non loin du Château-d'Eau[1].

1 Dans la maison où est aujourd'hui le restaurant Truchot.

Tous les matins le précepteur et son élève gagnaient le faubourg du Temple, emportant cinq ou six volumes de Ducray-Duménil, avec des provisions de bouche pour la journée. Ils passaient la barrière, gravissaient la côté de Belleville, et ne tardaient pas à gagner les *bois charmants* de la romance, où provisions de bouche et volumes se dévoraient à l'ombre des jeunes chênes.

Voilà ce qui explique le goût persistant de Paul de Kock pour la forêt de Romainville.

A l'âge de dix ans, il y faisait l'école buissonnière, de complicité avec son maître : plus tard, il y égara ses premières amours, et finit par y dresser une tente, qu'il habite encore.

Le goût de la lecture avait remplacé chez lui le goût de l'étude sérieuse.

Il lisait en mangeant, il lisait au lieu de dormir ; il emportait un livre avec lui dans les salons où le conduisait sa mère.

— Comme votre fils est studieux ! dit à madame de Kock un ancien ami du banquier son époux. Que lis-tu là, mon petit homme ? L'histoire romaine, je gage !

— Non, répondit Paul, je lis *Alexis ou la Maisonnette des bois*.

— Un roman ! s'écria le personnage tout scandalisé. Vous laissez lire des romans à un enfant si jeune, madame ?

— Son précepteur le lui permet, répondit la mère un peu confuse.

— Eh bien ! son précepteur mérite d'être cassé aux gages !

— Pourquoi cela, je vous prie? demanda Paul, avec un accent de résolution qu'on ne lui avait jamais connu jusqu'alors. Je lis des romans, monsieur, parce que je veux en faire, et j'apprends mon métier ! De quoi vous mêlez-vous?

La réponse était vive.

Madame de Kock gronda son fils et ne parut pas très-émerveillée de la vocation qu'il annonçait.

Elle renvoya le précepteur, pour en choisir un autre, qui avait un système d'enseignement moins romanesque.

Adieu les promenades à Romainville ! adieu les attrayantes lectures sous l'ombrage ! Il fallut en revenir bon gré mal gré aux thèmes et aux versions. Les volumes de Ducray-Duménil furent cruellement arrachés des mains de Paul, et, deux années après, on le fit entrer dans une maison de banque, afin d'éteindre sous les glaces de l'arithmétique et du calcul le feu de l'imagination qui éclatait dans cette jeune tête..

A quinze ans, il était commis chez MM. Scherer et Finguerlin.

Ces financiers avaient établi leur comptoir au coin de la rue Taitbout, dans ce vaste hôtel occupé depuis par un Russe millionnaire, M. Demidoff, qui déménagea vers 1822 pour céder la place au *Café de Paris*.

Sachant que sa mère avait une fortune médiocre, et ne voulant pas lui résister dans la direction qu'elle donnait à son avenir, Paul sembla prendre goût aux arides travaux de la maison de banque.

Mais, sous les grands registres où ses patrons lui faisaient écrire des comptes, se cachait plus d'un volume que n'avait pas signé Barrême ; et, dans une poche du portefeuille aux négociations, les regards indiscrets auraient pu découvrir certain cahier mystérieux, sur les pages duquel notre admirateur de Ducray-Duménil traitait des questions un peu moins sèches que les questions financières.

Paul écrivait un chapitre entre deux bordereaux, additionnant ou dialoguant tour à tour, se consolant des chiffres par la phrase, et négligeant un total pour mieux calculer une péripétie.

Les comptes étaient faux [1], mais le chapitre finissait bien.

Chaque jour le manuscrit devenait plus considérable, et Paul n'osait pas emporter au logis maternel ses élucubrations secrètes, dans la crainte qu'on ne les trouvât en son absence et que le feu n'en fît justice.

— Eh ! mais, lui dit, un matin, M. Scherer, en frappant sur le portefeuille mentionné plus haut, il est donc venu par le courrier beaucoup de mandats de la province ?

— Non, monsieur, pas plus que d'habitude, répondit Paul déconcerté.

[1] Paul de Kock, depuis son séjour dans la maison de banque, conserve la prétention d'être excessivement fort en calcul.

— Que diable, pourtant, ce portefeuille est plein ! Vous en avez la clef,
voyons un peu.

Il fallut obéir. Le manuscrit fut découvert.

— Je ne me trompe pas... c'est un
roman que vous écrivez là, jeune
homme ?

— Pardon, murmura Paul ; prenez
garde, je vous prie... Vous allez déchirer
les feuillets.

— Le beau malheur ! cria le banquier
qui passait de la surprise à la colère et
tournait avec violence les pages du manuscrit. Vous ne rougissez pas de perdre
à de telles sottises le temps que vous
devez consacrer ici aux affaires sérieu-
ses ? *L'Enfant de ma femme.* On ose

fabriquer chez moi un roman qui a pour titre *L'Enfant de ma femme !* C'est d'une immoralité notoire. Et les titres de chapitre, écoutez cela, je vous prie : *La Ferme et le Grenier à foin !...* Que se passe-t-il dans votre grenier à foin ?.... *La Tante de Jeanneton !...* Cette Jeanneton n'est probablement qu'une gourgandine ?

— Je vous prie, monsieur, dit Paul, de vouloir bien vous dispenser de toute espèce de commentaire. S'il ne vous plaît pas qu'un de vos commis écrive des romans, je vais à l'instant même quitter vos bureaux.

— Ah ! monsieur me met le marché à la main ! Soit. Vous n'êtes plus attaché à ma maison de banque.

— Et j'en suis dans le ravissement !
dit Paul avec un salut profond.

Il sortit pour aller apprendre cette
nouvelle à sa mère, et lui déclara que
tout son temps à l'avenir serait consacré
à la littérature.

— Voilà mon premier roman, lui dit-
il, et ce ne sera pas le dernier. Si tu
pleures, tu m'ôteras mon courage ; il
vaut bien mieux rire ! Écoute seulement
un chapitre.

Une demi-heure après, madame de
Kock se tordait sur un fauteuil et riait
aux larmes.

Son fils venait de se révéler à elle
avec toute son originalité comique et sa
verve désopilante.

Dès le jour même, Paul se mit à la

recherche d'un éditeur; mais il n'en trouva pas un seul qui daignât examiner son œuvre. Il se heurtait à l'éternel obstacle que l'écrivain rencontre au début de la carrière.

« Un bon éditeur ne doit pas savoir lire! » C'est le triomphant axiome que tous ces messieurs vous jettent à la tête. Avant de vous imprimer, ils exigent que vous soyez connu. Or, comment serez-vous jamais connu, si l'on ne vous imprime pas? Ceci n'est plus leur affaire; ils vous laissent empêtré dans le cercle vicieux.

Madame de Kock avait quelques économies devant elle.

— Prends mille francs, dit-elle à Paul, et porte ton manuscrit à un imprimeur.

Le jeune homme ne se fit pas répéter deux fois cette bienheureuse invitation.

Mais il n'était pas au bout de ses peines.

Une fois un livre imprimé, l'essentiel est de le vendre, et *l'Enfant de ma femme* ne trouva point d'acheteurs. Paul déposa vainement ses exemplaires dans les principales maisons de librairie. Jamais un éditeur ne pousse un livre dont il n'a pas fait les frais.

Cependant notre héros ne perd point courage.

Il écrit un second roman qui a pour titre : *Georgette ou la Fille du tabellion*; mais ceux auxquels il le propose lui répondent :

— Attendez au moins que le premier

soit vendu! Nous avons encore tous vos exemplaires au grand complet.

Paul de Kock attendit deux ans.

Vingt fois il fut sur le point de livrer aux flammes cette pauvre *Georgette*, dont la folle histoire et les malheurs ont depuis excité tant d'éclats de rire et fait couler tant de larmes.

Une circonstance inattendue rendit tout à coup les libraires plus favorables au jeune écrivain.

Las de frapper continuellement à leur porte sans résultat, Paul avait pris le parti de travailler pour le théâtre, et un mélodrame de sa composition, *Cathe-rine de Courlande*[1], reçu à l'Ambigu-

---

[1] Paul de Kock, avant cette pièce, en avait déjà fait jouer quelques autres, dont voici les titres : *Ma-*

Comique, obtint un succès étourdissant.

Ce ne fut plus alors le jeune homme qui alla frapper à la porte des éditeurs, ce furent ces messieurs qui vinrent lui rendre humblement visite et lui acheter le droit d'imprimer sa pièce.

— Ne m'avez-vous pas autrefois, lui dit Barba, proposé certain ouvrage?...

— Oui, mon roman *Georgette*.

— Est-ce que vous l'avez toujours?

— Le manuscrit est là dans mes cartons.

dame de *Valnoir* (sujet emprunté à Ducray-Duménil), — le *Moulin de Mansfeld*, — la *Bataille de Veillane*, — *Monsieur Mouton*, — *Monsieur Graine de lin* — et les *Époux de quinze ans*. Les trois premières sont des mélodrames, les autres sont des vaudevilles.

— Je m'occupe à peu près exclusivement de pièces de théâtre, dit Barba ; mais je puis vous trouver un éditeur de romans.

— En vérité ? s'écria Paul avec joie.

— Combien lui vendrez-vous ce livre ?

— Ce qu'il m'en offrira.

— Vous êtes sûr alors de traiter avec mon homme. Je vous l'enverrai.

Le lendemain Paul de Kock vit entrer chez lui l'éditeur Hubert de la Galerie de bois, qui débuta par se plaindre de l'indifférence du public pour les livres.

— Ah ! monsieur, dit-il, aujourd'hui les romans ne se vendent plus, et les affaires sont détestables ! Néanmoins, comme Barba s'intéresse à vous, je veux bien imprimer *Georgette*; mais je ne vous paierai pas le manuscrit bien cher.

— Combien? demanda Paul.

— Deux cents francs.

— En espèces?

— Non pas! Je vous ferai un règlement à huit mois de date. Il faut me laisser vendre mon édition.

— Fort bien. Mais si vous la vendez tout entière?

— Alors je vous compterai deux cents francs de plus.

— Voilà mon manuscrit, emportez-le, dit le jeune homme.

Notre libraire de la Galerie de bois s'en alla, très-satisfait de la rondeur de

Paul de Kock en affaires. Il publia *Georgette* de compte-à-demi avec Barba. La vente fut magnifique. Au bout de six semaines les associés eurent environ mille écus de bénéfice net.

Seulement il se trouva que l'édition n'était jamais entièrement épuisée. Toujours on avait des volumes de *Georgette* à montrer à l'auteur, quand il réclamait les deux cents francs supplémentaires.

Il faut, dans l'intérêt des écrivains à venir, dévoiler ces petites ruses de librairie, auxquelles nous nous sommes tous laissé prendre.

Après *Georgette*, Paul de Kock donna successivement à ses lecteurs *Gustave ou le Mauvais sujet*, — *Frère Jacques* et *le Voisin Raymond*. Le succès de ces deux derniers livres fut immense, et l'auteur se vit littéralement assiégé par les libraires.

C'était une course au clocher pour avoir ses manuscrits.

Barba résolut d'en finir avec toutes ces rivalités commerciales. Il avait le premier découvert la mine; en conséquence il se mit en mesure d'exploiter à lui seul le talent de Paul de Kock et de ne pas laisser aux autres le plus léger filon.

— Vous avez quelquefois en ma présence, lui dit le fin libraire, manifesté le désir de louer dans les environs de Paris une maison de campagne?

— A Romainville, Barba! oui, c'est mon rêve!

> Qu'on est heureux
> Qu'on est joyeux....

— Je connais la suite, interrompit l'éditeur. Il est certain que là-bas, sous la verdure, aux côtés d'une petite femme aimable, vous travailleriez comme un ange.

— Mieux qu'un ange, Barba, beaucoup mieux, mon cher !

> Ces bois charmants
> Pour les amants...

Mais vous m'avez dit que vous connaissiez la suite. Pourquoi diable venez-vous ainsi renouveler mes douleurs? La femme est prête ; mais la maison?... Je dépense déjà plus que je ne gagne; un double loyer me ruinerait.

— Bah ! si je vous fais des rentes ?

— Vous voulez me faire des rentes, généreux éditeur. Touchez là, j'accepte !

— Par exemple, il faut vous engager à ne travailler que pour moi.

— Tout ce que vous voudrez, Barba ! Ma maison de Romainville, et je suis à vous, encre et plume, jusqu'au dernier chapitre !

L'éditeur tira de sa poche un traité dont toutes les clauses étaient prêtes. Paul de Kock se liait par cet acte, pour dix années entières, et chacun de ses ouvrages [1] était acheté d'avance au prix de deux mille six cents francs.

— Bravo !.... c'est convenu, Barba !...

[1] En quatre volumes in-douze.

je signe des deux mains, et je pars pour Romainville [1].

— Allons, voilà ma fortune faite ! pensa l'éditeur.

Monsieur Dupont, publié deux mois après, se vendit à six mille exemplaires.

Le jour où l'on mettait en vente un roman de Paul de Kock, il y avait une véritable émeute en librairie. On courait prendre les volumes par centaines, et les cabriolets brûlaient le pavé pour aller répandre l'œuvre nouvelle d'un bout de Paris à l'autre. L'affiche était presque simultanément collée à toutes les vitres des cabinets de lecture, qui achetaient quelquefois jusqu'à dix exemplaires du

[1] Paul de Kock n'eut cependant sa maison que bien des années ensuite, comme on le verra tout à l'heure.

même ouvrage, sans pouvoir contenter
l'impatience des lecteurs.

Jamais romancier n'eut une vogue plus
universelle et plus soutenue.

Après *Monsieur Dupont* vinrent *le
Barbier de Paris,* — *Jean,* — *la Laitière
de Montfermeil,* — *Sœur Anne,* — *la
Femme, le Mari et l'Amant,* — *la Maison blanche,* — *André le Savoyard,* —
*l'Homme de la nature et l'Homme po-
licé,* — *Madeleine et le Cocu*[1], titre au-

[1] Tous les romans dont nous donnons ici la liste
ont été publiés par Barba père, de 1816 à 1827. A
cette époque, Barba fils conclut avec le romancier un
nouveau traité, à des conditions pécuniaires plus fortes,
et publia les ouvrages dont les titres suivent : *Un bon
Enfant,* — *Zizine,* — *l'Homme à marier,* — *la
Jeune homme charmant,* — *le Tourlourou,* — *Ni jamais ni toujours,* — *la Pucelle de Belleville* — et
les *Mœurs parisiennes.* Paul de Kock, à l'expiration
du traité de Barba fils, ne voulut plus se lier par au-

dacieux qui épouvanta les lectrices, mais
que l'auteur conserva sur toutes les édi-
tions du livre, en s'appuyant, à tort ou
à raison, de l'exemple de Molière.

Celles de ces dames qui n'osaient pas
prononcer le mot, disaient, en entrant au
cabinet de lecture :

— Voulez-vous, je vous prie, me donner le *dernier* de Paul de Kock?

cun engagement. Il vendit à différents libraires, et
souvent à des prix énormes, *la Jolie Fille du fau-*
bourg, — l'Homme aux trois culottes, — l'Amou-
reux transi, — Ce Monsieur, — Carotin, — Mon
ami Piffard, — Jenny où les Trois Marchés aux
fleurs, — Sans cravate, — la Famille Gogo, —
l'Amant de la lune (payé vingt-deux mille francs par
le libraire Baudry); — *l'Amour qui passe et l'Amour*
qui vient, — Taquinet le bossu, — Une Gaillarde
— *Cerisette, — la Mare d'Auteuil, — les Étuvistes*
(roman dans le genre du *Barbier de Paris*), — un
Monsieur très-tourmenté — et la Bouquetière du
Château-d'Eau. Les œuvres complètes de Paul de
Kock forment plus de cent volumes in-octavo.

Et Dieu sait comme le rouge leur montait au front, quand un malin commis s'exclamait devant quinze ou vingt lecteurs de journaux :

« — C'est *le Cocu* que vous demandez ? Voici *le Cocu*, madame! »

On n'alla plus chercher le livre soi-même ; on l'envoya prendre par les femmes de ménage et par les concierges.

Nous venons de raconter les faits sans appréciations, sans commentaires. Dans la littérature de haut parage, on a pour Paul de Kock un dédain superbe. Il faut voir le sourire de pitié qui contracte certaines lèvres lorsqu'on prononce le nom de cet écrivain. Paul de Kock, allons donc! Est-ce que Paul de Kock sait

écrire ? C'est le romancier des cuisi-
nières, des valets de chambre et des
portiers !

Là-dessus on fait une pirouette, et
notre auteur est condamné sans miséricorde, en dernier ressort.

Il n'y a plus d'appel possible.

Ceux même qui ont éprouvé quelque
plaisir en lisant ses ouvrages n'osent
point en faire l'aveu, dans la crainte de
passer pour des sots ou pour des gens
de mauvais goût.

Jusqu'ici, dans nos petits livres, nous
avons eu la parole franche, et nous con-
tinuerons de formuler notre pensée net-
tement et sans ambages. Loin de nous la
prétention ridicule de nous poser en
juge infaillible ; mais ce que nous pou-

vous affirmer sans crainte, c'est que le préjugé, la mauvaise foi, l'envie n'ont sur nous aucun empire.

Nous étudierons, en conséquence, les œuvres de Paul de Kock, absolument comme si nos grands seigneurs de lettres n'avaient pas donné leur avis avant nous [1].

Il est certain que l'auteur de *Frère Jacques* et du *Voisin Raymond* ne cultive que médiocrement le style et soigné

[1] Un seul a toujours rendu justice à Paul de Kock, c'est M. Alexandre Dumas. Un soir, aux beaux jours de Saint-Germain, un flatteur disait à sa table : « Maître, il ne restera que trois romanciers de notre siècle, vous, madame Sand et Balzac. — Veuillez, répondit l'amphitryon, en ajouter un quatrième. — Qui cela ? — Paul de Kock ; il vivra plus longtemps que nous. Si vous ne partagez pas mon opinion, c'est que vous ne l'avez point lu. » Cette anecdote est parfaite-

fort peu ses périodes ; il ne recherche ni l'éclat, ni la pureté, ni la correction. Le mot arrive, il l'écrit comme il se présente. Sa phrase est sans gêne ; elle se rit de toutes les délicatesses de la forme, et marche cavalièrement, à l'hurluberlu, sans s'inquiéter ni de l'élégance, ni de la tournure, ni de la méthode.

C'est un tort sans doute, un tort très-grave, et Paul de Kock en est le premier puni, puisqu'il n'a point l'estime des hauts barons littéraires.

ment authentique, et les occasions de féliciter M. Dumas sont trop rares, pour que nous ne saisissions pas celle-ci avec empressement. Ah ! si les œuvres de Paul de Kock avaient seulement cinquante ans de plus, quelle abondante moisson M. Dumas pourrait y cueillir ! Du reste, certains auteurs ne se gênent pas pour dépouiller Paul de Kock de son vivant. Nous citerons, entre autres, Maximilien Perrin et M. Clairville.

Mais, entre nous, et bien bas, de peur
que ces messieurs ne viennent à nous
entendre, croyez-vous qu'une renommée
s'établisse sur une échelle aussi vaste, et
qu'un écrivain soit lu d'un bout du
monde à l'autre, sans avoir des qualités
réelles, un mérite incontestable ?

Chut !..... Parlons toujours à voix
basse.

Les qualités de Paul de Kock sont
précisément celles que beaucoup de ces
messieurs n'ont pas. Il est d'un naturel
exquis ; ses caractères ont un cachet
de vérité saisissant. Vous avez vu ses
types, vous les connaissez ; ils sont autour de nous, on les coudoie. Cela marche, cela palpite ; cela respire. Hier,
vous les avez rencontrés, demain vous

les rencontrerez encore. L'auteur les a
pris tout grouillants dans la société vivante pour les transporter sur ses livres.
Mœurs, allures, langage, originalité po-
pulaire, malice parisienne, bonhomie
campagnarde, sottise bourgeoise, tout
est reproduit, calqué, daguerréotypé le
plus fidèlement du monde, au physique
comme au moral. Paul de Kock ignore
la convention et la fantaisie, il ne sait
que la nature. Ses œuvres sont un miroir
où une multitude de personnages peu-
vent s'admirer de pied en cap.

S'ils font la moue, s'ils refusent de se
reconnaître dans leur niaiserie ou dans
leur extravagance, le voisin se met à rire
et les reconnaît toujours.

Ce mérite complet d'observation chez

un écrivain est sans contredit une puis-
sance énorme, et le succès de Paul de
Kock s'explique déjà plus facilement. Si
vous joignez à cela une science parfaite
de l'âme, une sensibilité-véritable, une
délicatesse merveilleuse à toucher les
cordes du cœur, vous conviendrez avec
nous que les partisans exclusifs du style
ont mauvaise grâce à ne pas lui tenir
compte de ces ressources précieuses de
son talent.

Ne riez pas, messieurs, quand on
vous parle de la sensibilité de Paul de
Kock !

Si vous avez lu l'histoire de *Sœur
Anne*, et si vous n'avez pas été profon-
dément émus par les souffrances de cette
pauvre muette, dont l'âme tout entière

est passée dans le geste et dans le regard, vous êtes plus à plaindre qu'à blâmer.

Si Denise, la gentille *Laitière de Montfermeil*, avec son candide amour, ne vous semble pas un type ravissant et plein de grâce; si les scènes de la Chaumière, la marmite de Coco, la chèvre blanche qui dort aux pieds de l'enfant, tous ces tableaux naïfs d'innocence vous laissent froids et insensibles; si vous ne pleurez pas à l'arrivée d'Auguste, malheureux et ruiné, chez ces bons villageois qui l'aiment, nous n'y comprenons plus rien.

Nécessairement il vous manque quelque chose au cœur.

Le Cocu lui-même, en dépit de son

titre risqué, est un chef-d'œuvre de sentiment; un drame plein d'émotions, une étude de première force, un tableau sinistre qu'une femme ne peut envisager sans frémir, et dont chaque détail est une menace ou une leçon.

Retranchez la phrase leste et le mot grivois que Paul de Kock a l'habitude d'employer trop souvent; enlevez de ses livres quelques situations saugrenues, coupez çà et là quelques scènes décolletées, et vous aurez, quoi qu'on dise, un écrivain moral [1], qui n'attaque ni la religion, ni la société, ni la famille.

[1] « Le sage, dit-on, n'affirme rien sans preuve. » On sera curieux peut-être d'apprendre quel a été le but moral de Paul de Kock dans quelques-uns de ses romans les plus en vogue. — *Georgette* est la vie d'une femme entretenue, dont la fin terrible est une cruelle

Nous ne prétendons pas dire qu'il faille, pour cela, donner ses œuvres aux jeunes personnes, afin de leur former l'esprit et le cœur.

Mais, puisque les romans pullulent autour de nous, puisque la France en est couverte; puisque le hasard, malgré

punition de ses erreurs. — *Gustave* montre le danger des folles amours, châtiées par l'infortune quand l'amour honnête obtient sa récompense. — *Frère Jacques* est l'histoire de deux frères, dont l'un, gâté par ses parents, tombe, de débauche en débauche et de crime en crime, jusqu'au bagne, tandis que celui qu'ils avaient déshérité de leur affection devient un modèle de probité, de vertu et d'honneur. — *Mon Voisin Raymond* est l'apologie complète et le triomphe de la femme vertueuse. — *L'Homme de la nature et l'Homme policé* fait ressortir les heureux résultats de l'éducation. — *La Femme, le Mari et l'Amant* est une leçon pour les maris, toujours portés à délaisser une compagne aimante, dévouée, fidèle. — Dans *Un bon Enfant*, Paul de Kock veut corriger les caractères faibles, qui, sans être absolument vicieux, descendent

la surveillance la plus active, peut les faire tomber à chaque minute entre les mains de nos femmes et de nos filles, mieux vaut encore qu'elles lisent *le Cocu* et *Monsieur Dupont* que certaines œuvres de madame George Sand ou de l'auteur d'*Antony* [1].

parfois jusque sur la pente du crime. — On trouve dans *André le Savoyard* le type le plus touchant de la reconnaissance pour un bienfait. — *Cerisette* est une jeune fille que la séduction et la misère ont fait tomber jusqu'aux derniers rangs de la société, et qui se relève à force de bonne conduite, de travail et de repentir. Nous ne pousserons pas plus loin cette étude. Un seul des ouvrages de Paul de Kock ne renferme pas une leçon de moralité satisfaisante : c'est *la Pucelle de Belleville*. Souvent il exprime le regret d'avoir écrit ce livre.

[1] « Nous sommes bien certain, dit M. Louis Huart dans la *Galerie de la presse*, qu'*Antony* a causé plus de désordre dans la société que tous les romans de Paul de Kock réunis. »

De deux maux, a dit la sagesse des nations, il faut choisir le moindre.

Le livre qui s'attaque aux croyances et qui les sèche dans leur racine par le souffle ardent de la passion ; le livre qui excuse le vice et le couvre du manteau du paradoxe pour le déguiser en vertu ; le livre qui apprend à mentir à soi-même et à sa conscience ; le livre qui désole, le livre qui déprave, voilà celui qu'il faut condamner, celui qu'il faut proscrire.

Jamais Paul de Kock n'a écrit de ces livres-là.

Si parfois il évoque de folles images, elles s'envolent presque aussitôt sur un éclat de rire. Il ne les entoure pas des ombres provoquantes du rêve, des voiles

hypocrites du mystère, pour mieux y
arrêter la réflexion et la pensée. De page
en page une folie chasse l'autre, et l'on
arrive à un dénoûment sérieux, irré-
prochable. Après avoir sauté par-dessus
la boue sans se faire de tache, on se re-
trouve sain et sauf sur le grand chemin
de la morale, du devoir et de l'honneur.

Peut-être allez-vous nous dire qu'il
était parfaitement inutile de traverser
pour cela des sentiers fangeux.

C'est notre avis.

Nous expliquons l'auteur de *Georgette*, nous ne le justifions pas. Il nous
est permis de mentionner ses mérites,
sans qu'on soit en droit de nous dire que
nous prenons parti pour ses torts. Comme

résultat de lecture, il est moins à craindre que beaucoup d'autres; voilà ce que nous prouvons, et nous ne voulons rien prouver au delà.

Un des caractères les plus saillants du génie de Paul de Kock est celte facilité prodigieuse qu'il possède de pouvoir presque sans transition, passer du comique au sérieux et du rire aux larmes.

Après des scènes burlesques et désopilantes comme celles de la mère Thomas chez son fils, M. de la Thomassinière, arrive un épisode comme celui d'Auguste chez le vieux Dorfeuil. Le cœur est satisfait, l'âme est contente. On rit beaucoup mieux après avoir pleuré.

4

Paul de Kock sait comme on fait les crêpes dans la chambre d'une grisette.

Il vous donne un spécimen de l'orthographe de ces demoiselles, qui écrivent sur leur porte :

« Je *cuis* chez la voisine. »

Et les folles promenades à Romainville, aux prés Saint-Gervais, sous les lilas, dans les champs, le long des sentiers sablonneux ! et les éclats de joie, les sauts, les gambades, les culbutes sur l'herbe ! et ces turbulentes descriptions des Champs-Élysées, des barrières, du vieux Tivoli qui n'existe plus, où retrouverez-vous tout cela, si ce n'est dans les romans de Paul de Kock?

Et les soirées bourgeoises, comme il sait les peindre !

Et ce bal du Cadran-Bleu, où M. Robineau perd sa perruque ! et le bilboquet dans la gibelotte ! et le tabac dans l'œil ! et le fromage mou sur la face ! et les culottes trop étroites ! et les robes trop courtes ! et ces innombrables incidents, où le ridicule, toujours saisi à point nommé, provoque forcément l'éclat de rire !

Savez-vous comment notre héros entame un livre ? Écoutez, nous allons vous en donner un exemple :

Le père Lucas, brave paysan, chevauche sur une rosse abominable. — Hue, Zéphire ! hue donc ! mais Zéphire ne va pas même au trot. Tout à coup, un poids nouveau tombe sur la croupe de l'animal, et la secousse semble lui donner des ailes. Zéphire galope pour la première fois de sa vie. Lucas veut crier; deux bras l'entourent et le serrent fortement: le pauvre villageois croit avoir le diable en croupe. Mais un éclat de rire le rassure. Il tourne la tête, risque un œil et voit, au lieu du diable, un jeune homme dont la mise est un peu en désordre, mais dont le visage n'a rien d'effrayant.

— Morgué, monsieur, il faut avouer que vous m'avez fait une fière peur!...

— N'est-ce pas, mon gros père?

— Qu'aurait dit nôt' femme, si all' m'avait vu revenir mort à la maison?

— Parbleu! elle se serait consolée...

— Oh! ça, c'est possible!

Et le dialogue continue sur le dos de Zéphire. Soudain le galop de plusieurs chevaux se fait entendre. — C'est moi que l'on poursuit! s'écrie le jeune homme. Il bourre de coups la monture de Lucas; mais Zéphire, qui n'est pas habituée à un pareil traitement, se livre à une noble fureur. Elle regimbe,

gambade; rue, brise son mors et emporte ses
cavaliers vers une mare, où barbotent tran-
quillement une douzaine de canards. Lucas
crie : — Arrête! arrête! On crie derrière nos
voyageurs : — Arrêtez! arrêtez! Zéphire entre dans la mare; elle s'embourbe, tombe de
côté ; les cavaliers en font autant ; on roule
sur les canards, on en écrase quatre, on se
mouille, on se crotte, on crie, on ne s'entend
plus.

Voilà comment débute le roman de
Gustave.

Le *mauvais sujet,* on le devine, est en
plein dans ses aventures ; elles vont con-
tinuer à la ferme de Lucas.

En vain, l'oncle de Gustave, un vieux
colonel, sermonne son neveu pour le
faire changer de conduite.

— Asseyez-vous là, Gustave, devant moi.
Restez tranquille si vous pouvez ; mais mor-

bleu! ne m'interrompez pas! — Mon cher
oncle, je sais trop ce que je vous dois... —
Silence! Votre mère, ma sœur, était une
femme aimable, rangée, économe... — Elle
avait toutes les qualités. — Taisez-vous, monsieur! Aveuglée par son amour pour son cher
fils, elle ne voyait pas qu'il était emporté,
menteur, joueur... — Ah! mon oncle! —
Morbleu! vous tairez-vous! J'ai passé une
partie de ma vie à l'armée. Lorsque, dans
les rares voyages que je faisais à Paris, j'al-
lais voir ma sœur, vous preniez mon épée et
la mettiez à la place de la broche. Mon plu-
met devenait la proie du chat; mon chapeau
changeait de forme, mes épaulettes n'avaient
plus de grains; je trouvais à mes pistolets du
fromage de Gruyère pour pierre, et de la cen-
dre dans le bassinet. Tout cela n'était que
bagatelles. Je m'apercevais que vous n'appre-
niez rien. Votre mère vous avait donné des
professeurs que vous n'écoutiez point; vous
dansiez avec votre maître de latin et d'histoire; vous tiriez des pétards au nez de votre
maître de violon; vous mettiez des bouts de

chandelle dans les poches de votre maître de
dessin; vous faisiez le diable enfin! Je disais
à ma sœur de vous corriger. Pauvre Hor-
tense! elle vous trouvait charmant! — Ah!
mon oncle, toutes les dames étaient de l'avis
de ma mère! — Oui!... c'est pour cela que
vous les aimez toutes généralement? — C'est
par reconnaissance, mon oncle.

On voit que si Paul de Kock n'a point
de style, comme le crient sur les toits
nos sévères aristarques, il parle néanmoins le français tant bien que mal.

Cela suffit à la masse des lecteurs qui
dévorent ses livres.

Mais c'est à l'étranger surtout que
l'auteur de *Sœur Anne* obtient un
succès colossal. Chez nos voisins, son
défaut de style disparaît sous la tra-
duction ou s'impute au traducteur,

et toutes ses qualités lui restent, c'est-à-
dire sa verve chaleureuse et son inépui-
sable gaieté.

Les Italiens, les Allemands, les Rus-
ses, les Anglais, les Américains ne lisent
que du Paul de Kock, absolument
comme, en fait de théâtre, ils ne veulent entendre parler que de M. Scribe.

A Rome, le prédécesseur de Pie IX
avait toujours entre les mains un livre
du joyeux romancier.

Quand un Français de distinction
demandait audience et se présentait au
Vatican pour baiser la mule du Saint-
Père, le premier mot que lui adressait
le pontife était toujours celui-ci :

« — *Come sta il signor Paolo de*

Kock? Lei devrà conescerlo? Comment se porte M. Paul de Kock? Vous devez le connaître? »

Les contrefacteurs belges, avant la promulgation de la loi tardive qui a mis un terme à leurs *emprunts*, exportaient régulièrement en Amérique vingt ou trente mille exemplaires de chacun des livres de Paul-de-Kock, ce qui représente, en y ajoutant ce qu'ils vendaient en Europe, un total de douze à quinze millions de volumes, pour lesquels ces aimables partisans de la littérature à bon marché ne donnaient pas un centime à l'auteur.

Encore prétendaient-ils que celui-ci leur devait de la reconnaissance, pour l'avoir *popularisé*.

Un autre mot serait plus juste, mais beaucoup moins original.

A force de lire les œuvres du célèbre romancier, les Américains voulurent avoir quelques renseignements sur sa vie intime. Or, comme on manquait de détails biographiques, on se permit d'en fabriquer à New-York, et l'on publia surtout un volume dont le titre va faire bondir nos lecteurs :

« LES AMOURS DE GEORGE SAND ET DE PAUL DE KOCK! »

Notez que le père de *Monsieur Dupont* n'a jamais vu de sa vie la mère d'*Indiana*, et que, s'il tient compte au premier bas-bleu de la France des charmes de son style, en revanche il déteste cordialement ses principes, soit en politique, soit en morale.

Il n'y a donc jamais eu entre eux de rapprochement possible.

Paul de Kock a écrit une multitude de pièces pour le théâtre; presque toutes sont tirées de ses livres et portent le même titre [1].

[1] Parmi celles dont le sujet n'a pas été emprunté à ses romans, nous citerons *le Philosophe en voyage,* — *les Enfants de maître Pierre,* — *le Muletier,* trois opéras-comiques, dont Mengal, Pradher et Hérold ont écrit la partition; — *le Caporal et la Payse,* — *Un mari perdu,* — *le Commis et la Grisette,* — *la Garde-malade,* — *les Bains à domicile,* — *Un bal de grisettes,* — *la Salle Ventadour,* — *la Famille Fanfreluche,* — *l'Auberge de Chantilly,* — *les Jeux innocents,* — *la Femme à deux maris,* etc., etc. Ces dernières pièces ont été jouées avec beaucoup de succès au Palais-Royal, au Vaudeville, aux Variétés et au Gymnase. Les drames de Paul de Kock, outre ceux que nous avons déjà cités, sont : *Tout ou rien* (3 actes),

A calculer le nombre des volumes et
des actes, on pourrait croire que nous
sommes en présence de l'un des écrivains de l'époque les plus laborieux et
les plus infatigables.

Erreur!

Notre héros est la paresse incarnée,
la flânerie en bonnet grec et en robe de
chambre.

Seulement il écrit avec une facilité
prodigieuse [1]. Vingt-quatre heures pour

la Veille de Wagram (4 actes), — *la Bohémienne
de Paris* (5 actes), etc. Il est aussi l'auteur d'une
féerie très-remarquable, intitulée *la Chouette et la
Colombe*. Il a eu pour collaborateurs dans quelques-
unes de ses pièces MM. Varin, Boyer (pseudonyme
d'un homme très-aimable attaché à l'un des premiers
hôpitaux de Paris), Couailhac et les frères Cognard.

Jamais il ne relit ses phrases. Il compose avec
une rapidité de douze pages à l'heure, et ses manus-

une pièce, quinze jours pour un livre ; jamais plus, quelquefois moins, voilà sa règle.

Lors du premier traité signé avec Barba père, et dans son désir d'avoir à Romainville une maison de plaisance, vous croyez peut-être que Paul de Kock se hâta de livrer, année commune, cinq ou six romans, qu'il pouvait écrire sans gêne et sans fatigue ? Détrompez-vous. La maison du bois était son rêve ; mais le rêve amenait la paresse, la paresse n'amenait pas l'argent, et l'impossibilité d'avoir deux domiciles ne faisait que s'accroître de jour en jour.

crits n'ont point de ratures. Sur ses épreuves, jamais de changements. Les compositeurs d'imprimerie parlent de lui élever une statue.

Paul de Kock était jeune ; il aimait le plaisir.

> Enfant chéri des dames,
> Il fut dans tout Paris
> Fort bien avec les femmes,
> Mal avec les maris.

Il eut une quantité d'aventures extrêmement piquantes, dont la plupart ont trouvé place dans ses romans. Voici, nous ne disons pas la plus curieuse, mais une de celles que nous pouvons raconter.

Paul de Kock adore les chats [1].

---

[1] Il aime aussi beaucoup les chevaux ; mais cette seconde passion lui a causé nombre de mésaventures. Voulant à tout prix devenir bon cavalier et faire avec ses amis des promenades aux environs de la capitale, il choisissait par prudence la rosse la plus abominable du manége. « Au moins, disait-il, voilà un cheval qui ne s'emportera pas ! » Mais, comme il se piquait d'amour-propre et voulait galoper à la suite de ses com-

Son goût pour ces animaux était déjà connu en 1825. Voici le singulier poulet qu'il reçut un jour :

pagnons, la rosse fléchissait presque toujours sur ses jambes de devant, et le romancier lui passait par-dessus la tête, pour aller, à dix pas plus loin, rouler dans la poussière. Il tomba quarante ou cinquante fois de suite, sans perdre courage, et finit par caracoler avec toute la grâce d'un écuyer du cirque. Seulement, un soir, à Montmorency, après avoir un peu trop dîné chez Leduc, il laisse au garçon traiteur le soin de sangler sa monture. On arrive sans encombre à Paris; mais sur le boulevard, au beau milieu d'un galop triomphal exécuté par nos dîneurs, la selle tourne et Paul de Kock, pour la cinquante et unième fois, va mesurer le sol. Il se relève sain et sauf. Malheureusement, son cheval effrayé se précipite contre un tas de pierres, entassé près de là par les paveurs, et se blesse aux deux genoux. Paul de Kock ne peut se remettre en selle. Il ramène piteusement sa monture tout le long des boulevards. On le reconnaît, et les gamins crient : « C'est M. Paul de Kock qui a couronné son cheval! — Bien, mes amis, je le paierai! » répond notre héros, un peu confus de l'aventure. En effet, il le paya fort cher. Ceci le dégoûta des chevaux; il reporta toute son affection sur les chats.

« Je suis une pauvre chatte bien malheu-
reuse, et je veux absolument sortir de la si-
tuation dans laquelle je me trouve; j'ose es-
pérer que vous m'y aiderez; c'est pourquoi je
me confie à vous. Je suis jeune et gentille,
j'ai le poil noir et les pattes blanches; je fais
facilement *ronron* quand on me flatte. Par
grâce, venez au rendez-vous que je vous
donne. Je vous attendrai tantôt sur le boulevard entre chien et loup. Je ne signe pas,
mais je mets ma griffe. »

Notre héros demeurait alors où il de-
meure aujourd'hui.

Depuis trente-quatre ans, il n'a pas
quitté la maison n° 8 du boulevard Saint-
Martin.

Il descendit à la brune, se doutant de
quelle espèce était la chatte qui lui avait
envoyé le message. Nombre de ces dames, après la lecture d'un roman, se

prennent d'une belle tendresse pour
l'auteur, et se figurent qu'il va la partager. Leur illusion n'est pas longue.

Paul de Kock se trouva bientôt vis-à-vis d'une promeneuse élégante, vêtue
d'une robe de satin noir, portant un cachemire noir, un chapeau de crêpe noir
et des gants blancs.

C'était la chatte qui avait écrit le billet.

Lorsqu'elle écarta son voile, il reconnut une personne assez jolie, à laquelle
il adressait rarement la parole dans les
cercles où il faisait sa rencontre, précisément parce qu'elle lui semblait être
une de ces natures exaltées qui gravissent jusqu'aux sommets les plus étourdissants de la passion.

Paul de Kock aime les amours en

5

plaine; il veut pouvoir les fuir à son gré, sans se casser le cou dans les précipices.

Toutefois, comme la dame n'avait pas menti, comme elle était jeune et gentille, comme elle possédait des cheveux du plus beau noir, comme elle ôtait un de ses gants avec coquetterie pour laisser voir sa main blanche ; comme, au bout du compte, elle se montrait effectivement très-chatte et miaulait à ravir, il écouta, pendant toute la soirée, la confidence de ses peines.

Mais cela ne suffisait pas à la chatte noire.

Elle fit jurer au romancier qu'il l'enlèverait le lendemain, et qu'il ne la quitterait plus.

Or, en pareilles occasions, le serment
de part et d'autre, est assez ordinaire-
ment de la fausse monnaie. Paul de Kock
jura tout ce qu'on voulut. La chatte af-
fligée devait se trouver le lendemain, à
huit heures du soir, dans une voiture
close, au coin de l'allée des Veuves.

— J'aurai soin de ne pas y être, se dit
tout bas le romancier.

Néanmoins, il ne pouvait laisser la
dame se morfondre dans son véhicule.
Il fallait trouver un dénoûment à cette
bizarre intrigue. Le lendemain, sur le
point de dîner avec cinq ou six vaudevillistes de ses amis, Paul de Kock leur
demanda l'appui de leur expérience et
de leurs lumières.

— Te voilà bien embarrassé ! lui dit

l'un d'eux ; envoie-moi à ta place au rendez-vous.

— Vraiment, tu consentirais...

— Oui, certes. Écris une lettre d'excuses. Je me charge du reste.

— Garçon ! cria Paul de Kock, une plume et de l'encre !

— Un instant, messieurs, nous mourons de faim, dirent en chœur les autres vaudevillistes. Paul est le plus gourmand de la bande, c'est lui que nous chargeons de la carte du dîner.

— Soit, je vous dicterai cela tout en faisant ma lettre.

En moins de deux minutes, les excuses à la chatte noire étaient écrites et la carte se trouva dictée. L'ami complaisant regarda sa montre.

— Sept heures, dit-il, je n'ai pas de temps à perdre. Dînez sans moi!

Il part, extrêmement satisfait de sa mission, et court allée des Veuves. Déjà la voiture est à son poste; il prononce le mot d'ordre; on ouvre une portière, qui bientôt se referme sur lui. Le cocher fouette ses chevaux, et la voiture s'éloigne au grand trot.

Cependant la dame ne tarde pas à être surprise du silence de son compagnon, qui se borne à lui presser tendrement la main. Elle le questionne, point de réponse. L'inquiétude commence à la saisir; elle parvient, malgré l'obscurité, à

voir le visage de celui qui vient de s'ins-
taller à côté d'elle et pousse un cri d'ef-
froi.

— Miséricorde ! qui êtes-vous, monsieur ?

— De grâce, madame, calmez-vous.
Paul de Kock est mon ami. Dans l'impossibilité où il était de venir ce soir....

— Vous mentez ! vous êtes un impos-
teur !

— Non, madame, je vous le jure ; et
la preuve, c'est qu'il m'a chargé pour
vous d'une lettre...

Sans le laisser poursuivre, la chatte
noire lui arrache vivement des mains le
papier qu'il lui présente, fait arrêter la

voiture, descend, court au premier réverbère, et lit ce qui suit :

« Madame, je vous aime toujours.....
Pour trois c'est assez... Vos traits sont gravés dans mon cœur.... Tête de veau naturelle... Mais ne pouvant aller vous rejoindre, je vous envoie... un homard...
qui vous exprimera mes regrets... à la sauce ou à l'huile... »

La chatte noire ne veut pas en lire davantage.

Elle saute à la figure du malencontreux remplaçant de Paul de Kock, lui applique deux superbes coups de griffe et quatre soufflets, chiffonne la lettre avec rage, la lui jette au nez, remonte en voiture et disparaît, le tout en un clin d'œil;

sans que le vaudevilliste ait eu le temps de revenir de sa stupeur.

Il ramasse le billet du romancier, le lit à son tour et comprend tout.

Paul de Kock, écrivant d'une part et dictant de l'autre, a mêlé dans sa précipitation le menu du repas à ses excuses.

Afin de ne plus être tourmenté par les chattes noires ou blanches, notre héros se maria.

Sa vie, dès ce moment, fut moins dissipée et plus laborieuse. Les baptêmes arrivaient tous les neuf mois; il admira la fécondité de son hymen et se piqua d'émulation.

Plus sa femme lui donnait d'enfants, plus il écrivait de livres.

De 1828 à 1835, madame de Kock fut six fois mère, et les éditeurs de son époux vendirent dix-huit ouvrages nouveaux, trois romans complets par baptême.

L'accroissement de la fortune marchait en raison directe de la progéniture.

Au lieu de louer à Romainville la petite maison tant souhaitée, on la fit construire sur un terrain acheté à beaux deniers comptant, et Paul de Kock avec sa famille alla courir et gambader sous l'ombrage.

Ils étaient à peine installés qu'un traiteur de Bagnolet se présenta très-humblement, en veste blanche et la toque traditionnelle à la main.

— Monsieur Paul de Kock, s'il vous

plaît ? demanda-t-il en s'adressant au romancier lui-même.

— Que lui voulez-vous, mon ami?

— Lui souhaiter le bonjour d'abord.

— Vous le connaissez donc?

— Si je le connais, je crois bien! il a fait ma fortune.

— Et comment cela, mon brave?

— Ah! voici, dit le traiteur : figurez-vous que Paul de Kock dîne chez moi tous les dimanches.

— Tous les dimanches, vous en êtes sûr?

— Parbleu! puisqu'il dîne avec son épouse.

— La preuve est excellente! s'écria

l'auteur de *Sœur Anne* en éclatant de rire. Tu entends, ma chère amie? ajouta-t-il en se tournant vers madame de Kock.

Elle assistait à cette scène curieuse.

— Mais oui! mais oui! reprit le traiteur, et je puis vous affirmer qu'ils mangent comme des rois! Je leur réserve toujours les morceaux les plus délicats... Peste!... et jamais d'addition... Vous comprenez? Je fais des affaires d'or. Cent cinquante personnes dînent chez moi le dimanche, et ces gens-là payent volontiers leur écho double, quand je leur montre M. Paul de Kock. Aussi, dès que j'ai su qu'il était notre voisin, je me suis dit : Peut-être consentira-t-il à venir plusieurs fois la

semaine. Je vais lui présenter mes respects.

— J'accepte vos respects, mon brave,
dit le romancier en lui frappant sur l'é-
paule; mais il est bon de vous dire
qu'un autre que moi a mangé vos di-
ners.

— Un autre que vous... C'est juste...
Pardon!... je ne comprends pas.

— Vous me comprendrez mieux quand
je vous aurai dit qu'on vous trompe.
Regardez-moi. M'avez-vous jamais vu?

— Non.

— Eh bien! je suis Paul de Kock.

— Bonté du ciel!... est-ce possible?...
Ah! le brigand!... il m'a volé! s'écria le
traiteur.

— Non, puisque vous avez fait d'excellentes affaires. C'est vous qui venez de le dire.

— Sans doute, mais..... quel dommage!... Douze ou quinze mois encore, et je vivais de mes rentes!

— A présent que vous êtes désabusé, n'allez pas lui servir de compère au moins, dit Paul de Kock avec beaucoup de sérieux, ou je préviendrai la police. Quand je dine au restaurant, je paye ma carte.

Il congédia le pauvre traiteur, qui s'en alla répétant :

— Quel dommage! quel dommage!... Ma foi, je vendrai la gargote!

Depuis vingt ans bientôt, quand le soleil d'avril fait pousser les feuilles, notre romancier quitte le boulevard Saint-Martin pour aller retrouver sa chère villa, son petit jardinet, dont il a planté tous les rosiers; ses arbres et sa vigne qu'il dépouille de leurs meilleurs bourgeons, mais qu'il tient à émonder lui-même.

Sa femme est morte en 1844, la même année que son frère le ministre, et, de tous ses enfants, il ne lui reste plus qu'une fille et un garçon.

Mademoiselle Caroline de Kock est une aimable et douce personne, qui a refusé plus d'un riche mariage pour ne pas quitter son père. Elle a tous ses goûts simples; elle jardine à ses côtés, cultive les roses et fait les honneurs de Romainville avec une grâce parfaite.

Comme l'auteur de *Frère Jacques*, elle aime beaucoup les chats.

Mortimer, son énorme matou, la suit dans ses promenades. Il a les mœurs d'un caniche. Seulement on ignore pourquoi elle lui donne le nom du farouche Anglais qui a fait assassiner Edouard II.

Quand les chattes du voisinage sont par trop prolifiques, au lieu de noyer les petits, on les jette par-dessus le mur, dans le jardin de Paul de Kock. On sait que le père et la fille n'hésitent jamais à se charger de leur éducation [1].

---

[1] On a vu jusqu'à trente chats à Romainville. Quelques-uns deviennent sauvages et vont habiter le bois. Les

Henri, le fils du romancier, est écrivain par droit de naissance.

Il a signé déjà beaucoup de romans, dont les plus remarquables sont *Minette* et *Brin d'amour*. Au théâtre, ses pièces obtiennent du succès.

La vie de Romainville est tout à la fois artistique et bourgeoise.

Paul de Kock fait admirablement dîner ses hôtes ; le vin de sa cave est délicieux. On n'est jamais obligé de regagner Paris après boire ; il y a dans la maison des chambres d'amis, et la table de bouil-

favoris ont droit d'entrée au salon. Paul de Kock en a fait peindre un, qu'il avait, pendant huit jours, appris à poser debout, les pattes appuyées sur le dos d'une chaise.

lotte tient éveillés ceux qui ne veulent pas dormir.

Les uns jouent, les autres dansent.

Quand le maître du logis est décavé, ou quand la montre le chasse au quart d'heure, il prend son violon pour faire polker les dames, et chante au piano des chansonnettes dont il compose la musique.

Quelques-unes sont devenues aussi populaires que ses livres.

Il suffit de citer *l'Anglais en bonne fortune,* — *le Caissier,* — *le Maître d'école* et *les Concerts-Monstres.*

A Romainville, Paul de Kock écrit ses romans à l'ombre des arbres, étendu

6

sur la mousse fraîche ou sur un tapis de gazon. De temps à autre, à la fin des chapitres, il prend un fusil, qu'il n'oublie jamais d'apporter avec sa plume, et fait une guerre à outrance aux oiseaux du bois, tirant vingt ou trente coups pour tuer une fauvette ou un rouge-gorge [1] ; puis il se recouche à plat ventre, et reprend la plume.

— Ah! pardieu! lui dit un jour son médecin, vous allez attraper de jolis rhumatismes, en travaillant ainsi sur l'herbe.

[1] Paul de Kock a fait soigneusement empailler tous les pauvres volatiles qui, dans l'espace de vingt ans, ont succombé sous ses plombs de chasseur, et les montre avec orgueil. Il y en a quarante-huit, dont vingt-cinq pierrots.

— Allons donc! s'écria Paul de Kock, vous rêvez, docteur!

Mais le docteur ne rêvait pas, et le mal est venu. Notre romancier ne s'en montre guère plus triste.

— J'ai gagné cela, dit-il, à faire rire les autres ; du diable si j'en pleure !

Et il continue à se rouler sur l'herbe, quand la circonstance l'exige.

Vers 1845, il fit une remarque alarmante. La commune de Romainville, autorisée d'abord à vendre quelques portions du bois et à bâtir sur les terrains défrichés, prenait goût aux bénéfices que lui rapportait ce commerce et demandait chaque année au ministère de nouvelles autorisations.

— Si je n'y prends garde, dit Paul
de Kock, ces gaillards-là ne me laisse-.
ront plus un pied d'ombre !

Ce fut alors qu'il écrivit *l'Amant de la
lune*, pour acheter une partie de sa
forêt bien aimée. Les vingt-deux mille
francs du libraire Baudry servirent à
payer au conseil municipal cent cinquante mètres carrés, plantés d'ormes
et de chênes, et qui sont aujourd'hui
sauvés du défrichement.

Paul de Kock les a fait entourer de
murs et de palissades.

Au milieu de ces ombrages s'élève un
théâtre champêtre, où son fils, sa fille
et ses hôtes jouent la comédie.

L'orchestre se compose de Paul de Kock tout seul, armé de son violon.

Quant au public, il s'assied en plein air sur les tertres verdoyants.

Pendant les représentations, tous les villageois d'alentour escaladent les murs, et parfois il leur arrive de briser les palissades : mais le propriétaire ne gronde pas.

—Cela prouve, dit-il, que nos acteurs ont du talent et que nos pièces sont bonnes.

Le froid seul peut chasser Paul de Kock de Romainville. On regagne le logement de Paris vers le milieu de novembre, et, quatre mois après, on re-

tourne à la campagne, lorsque la pri-
mevère commence à poindre.

Paul de Kock a soixante ans, mais il
en paraît quarante.

Vif, alerte, plein de verdeur, il n'a
rien perdu ni de sa verve, ni de son esprit, ni de son entrain joyeux.

Sa figure est belle, son extérieur
plein de distinction.

Presque toujours il observe ou réflé-
chit ; son premier abord a quelque
chose de froid et de sérieux. Il ne laisse
échapper aucun ridicule, aucun trait de
sentiment et de caractère.

On l'a vu rester cinq heures de suite
à sa fenêtre du boulevard.

« Immobile comme un Turc qui fume sa pipe, dit l'auteur de la *Galerie de la Presse*, il regarde passer les omnibus, les cabriolets, les bonnes d'enfants, les tourlourous, les marchands de coco et les actrices de l'Ambigu. »

Jamais il ne parle de ses œuvres; il semble ignorer l'immense réputation dont il jouit. C'est l'homme le plus modeste qui soit au monde. Il n'a pas la croix, parce qu'il faut la demander pour l'obtenir.

Paul de Kock est un composé de Béranger, de La Fontaine et de Molière.

Un soir, dans le salon de madame de Récamier, la conversation tomba sur l'auteur de *Sœur Anne*, et Chateau-

briand se mit à dire : « Paul de Kock
est consolant. Jamais il ne présente
l'humanité sous le point de vue qui
attriste. Avec lui, on rit et on es-
père. »

On rit surtout, voilà ce qui est certain.

Nous défions le rigoriste le plus outré,
le misanthrope le plus incorrigible et
l'hypocondre le plus morose d'ouvrir un
livre de Paul de Kock, sans être immé-
diatement saisi par la gaieté communi-
cative de l'auteur et sans pouffer de rire
à la première page.

Essayez de lutter contre sa verve comique ; tenez-vous à quatre, froncez le
sourcil, haussez les épaules, serrez les

lèvres, allons donc! là saillie part, le feu est à la traînée de poudre, et vous éclatez comme un mousquet, dont Paul de Kock tient là mèche.

Vous avez beau pester contre vous-même, il faut rire.

Prenez le temps de la réflexion; soyez sur vos gardes, attendez l'ennemi derrière le rempart de gravité le plus solide : une autre bouffonnerie renverse tout. Vous êtes vaincu, Paul de Kock triomphe ; vous riez., vous rirez encore, vous rirez toujours.

Tenez-vous les côtés et n'en parlons plus.

Beaucoup de docteurs fort habiles prescrivent à leurs malades le régime suivant : « Deux chapitres de Paul de Kock le matin, trois chapitres le soir, sans tisane et sans cataplasmes. » Ils les adressent au cabinet de lecture, au lieu de les envoyer chez le pharmacien.

Les malades suivent l'ordonnance et guérissent.

FIN.

NOTE SUR L'AUTOGRAPHE.

La lettre ci-contre a été écrite à M. Eustache Lorsay, l'un de nos jeunes dessinateurs les plus distingués, et l'un des hôtes assidus de Romainville.

—

AVIS IMPORTANT.

Les souscripteurs à la collection complète des *Contemporains* ont, dès aujourd'hui, le choix entre cinq primes diverses, dont les désignations suivent :

PREMIÈRE PRIME. — Une lithographie unique, grand format, d'après Diaz, par J. Laurens : *Vénus pleurant l'Amour mort.*

2e PRIME. — Deux gravures à l'eau-forte, formant pendants : *l'Appel des dernières Victimes de la Terreur,* d'après Ch. Muller, par E. Hédouin ; — *l'Ecole de Petites Or-*

phelines, d'après Bonvin, par A. Masson.

3e **PRIME**. — Deux lithographies formant pendants : *Animaux dans la montagne*, d'après Rosa Bonheur, par J. Laurens ; — *Solitude*, d'après Jules Dupré, par J. Laurens.

4e **PRIME**. — Deux gravures à l'eauforte, formant pendants, gravées par A. Masson : *les Lavandières*, d'après Tesson ; — *Paysannes des Pyrénées*, d'après Roqueplan.

5e **PRIME**. — Deux charmantes lithographies, formant pendants, d'après Diaz, par J. Laurens.

Les vingt premières biographies parues sont :

MÉRY. — VICTOR HUGO. — ÉMILE DE GIRARDIN. — GEORGE SAND. — LAMENNAIS. — BÉRANGER. — DÉJAZET. — ALFRED DE MUSSET. — GUIZOT, — GÉRARD DE NERVAL. — LAMARTINE. — PIERRE DUPONT. — SCRIBE. — FÉLICIEN DAVID. — DUPIN. — LE BARON

TAYLOR. — BALZAC. — THIERS. — LA-
CORDAIRE. — RACHEL.

Les biographies à paraître sont in-
diquées sur toutes nos couvertures.
Le nombre des personnages annon-
cés dépasse CINQUANTE ; mais l'auteur
des *Contemporains* se réserve de faire
paraître quelquefois deux biographies
en un seul volume. Les volumes com-
plexes renfermeront toujours DEUX
PORTRAITS.

Quant aux personnages de la politique vivante, placés d'abord sur notre
liste, nous avons appris que leur histoire était forcément soumise au tim-
bre. Nous ferons en conséquence
pour eux une collection spéciale, sé-
parée de la première et soumise à
d'autres conditions, comme vente et
comme librairie.

Prix de la souscription aux VINGT
PREMIÈRES BIOGRAPHIES : Pour Paris
DIX FRANCS ; pour la province
DOUZE FRANCS.

Prix de la souscription à la COLLECTION DES CINQUANTE VOLUMES : Pour Paris VINGT-CINQ FRANCS ; pour la province TRENTE FRANCS.

Les volumes et les PRIMES seront expédiés franco.

Envoyer les mandats sur la poste à MM. Roret et Cᵉ, 9, rue Mazarine, au bureau du *Dictionnaire de la conversation*.

RORET ET Cⁱᵉ,
Éditeurs DES CONTEMPORAINS.

Mon cher ami,

Voulez vous venir jeudi prochain pour la journée
avec nous à Jouainville ? vous tâcherons de vous
procurer de l'agrément. vous de venir venir, vous avez
le droit de venir do l'eau au puits, d'armes, d'armes,
Les mauvais roche, de roche le dite, et peut-être même
vous permettez-vous de cueillir de venir en plein soleil ...
pour l'a c'est grande émeraude ? c'es pourquoi je compte
sur vous.

Mille amitiés

Jouainville 14 Juillet 1854.